Les Tibétains

Judith Kendra - Jean-François Viseur

Éditions Gamma - Les Éditions École Active

Titres de la collection

Les cartes de la page 18 ont été fournies par Peter Bull.
Origine des photographies: Eye Ubiquitous: pages 17, 20, 32 et 45; Jim Holmes/Himalayan Images: couverture et pages 4, 5, 11, 12 (à droite), 14, 19, 21, 29, 36, 39, 40 et 44; Royal Geographical Society: page 16; Tibet Image Bank: pages 6 (Robin Bath), 7 (P. Collinson), 8 (J. Miles), 9 (S. J. & B. B.), 10, 12 (à gauche, R. Bath), 13 (H. Richardson), 15 (Stone Routes), 22 (I. Kristalis), 23 (à gauche, V. Sis & J. Vanis; en haut, Stone Routes), 24 (S. Jones), 25, 26 (les deux, R. Schwarz), 27 (I. Kristalis), 28, 30, 31 (toutes, Tibet Information Network), 33, 34, 35 (toutes, Stone Routes), 37 (C. Langdon), 38 (J. Andersson), 41 (C. Langdon), 42 et 43 (Tibet Image Bank).

L'édition originale de cet ouvrage
a paru sous le titre: *Tibetans*
Copyright © Wayland (Publishers) Ltd 1993
61, Western Road, Hove
East Sussex BN3 1JD, England
All rights reserved

Adaptation française de
Jean-François Viseur
Copyright © Éditions Gamma,
Paris-Tournai, 1995
D/1995/0195/3
ISBN 2-7130-1722-X
(édition originale:
ISBN 0-7502-0769-8)

Exclusivité au Canada:
Les Éditions École Active
2244, rue de Rouen
Montréal (Québec) H2K 1L5
Dépôts légaux: 1er trimestre 1995
Bibliothèque nationale du Québec
Bibliothèque nationale du Canada
ISBN 2-89069-455-0

Loi n° 49-956 du 16 juillet 1949 sur les publications
destinées à la jeunesse

Imprimé et relié à Lego en Italie

Sommaire

⓵ *Introduction*

Le Tibet est une région spéciale. Durant des siècles, rares furent les personnes qui franchirent ses frontières. Ceux qui parvenaient à vaincre les obstacles physiques se voyaient souvent interdire l'entrée du pays. Plus la région était secrète, plus les gens cherchaient à la découvrir, mais peu y arrivaient. Les autres se contentaient de récits parlant d'un pays magnifique caché derrière un rideau de montagnes. Ces récits intriguaient tellement les voyageurs qu'ils nommèrent le Tibet *Shangri-La*, le paradis terrestre.

◀ *Trois moines en pleine discussion dans le monastère de Tashilhunpo, au Tibet. Le bouddhisme a toujours joué un rôle prédominant dans la culture tibétaine.*

▲ *Le mont Kalash est la montagne sacrée du Tibet. Les pèlerins parcourent des kilomètres pour le voir. Pour les Tibétains, les montagnes sont des piliers qui relient le monde physique de la terre au monde spirituel du ciel.*

Il y a environ 40 millions d'années, la surface de la terre fut soumise à d'importantes pressions qui soulevèrent une bande de terre à 4 000 m au-dessus du niveau de la mer. Le plateau ainsi formé constitue le Tibet actuel. Ces mêmes pressions sont à l'origine des plus hautes montagnes du monde qui se dressent autour du plateau et l'entourent presque totalement, à l'exception du nord-est. Les voyageurs venant du nord, du sud ou de l'ouest doivent donc franchir des sommets pour atteindre la frontière du Tibet.

Une fois au Tibet, le voyageur découvre un pays de la taille de l'Europe occidentale environ. Le haut Tibet ou Changthang («plaine du Nord») s'étend sur 800 000 km², des Kunlun au Transhimalaya (que les Chinois appellent chaîne des Gangdisi), et se compose de grandes plaines ouvertes et de marais salants. Le Tibet méridional correspond à la vallée du Zangbo (Brahmapoutre supérieur), un sillon qui s'ouvre à 3 500-4 000 m d'altitude entre les reliefs des Gangdisi et de l'arc himalayen. Lhasa, la capitale de l'ancien État tibétain, s'élève près du Tsang-po (nom tibétain du Brahmapoutre). Le Tibet oriental (région de Tchamdo) est constitué de vallées boisées empruntées par quelques-uns des grands fleuves asiatiques. Ainsi se succèdent, d'ouest en est, les vallées de la Salouen, du Mékong et du Yang-Tseu-Kiang (l'ancien fleuve Bleu).

Le 3 août 1904, les troupes anglaises entraient à Lhasa. Un officier de l'armée britannique écrivit que les Tibétains étaient un peuple pacifique, adepte de la religion bouddhiste et dirigé par un dieu-roi nommé dalaï-lama («Océan de sagesse»). La société tibétaine était féodale. Il n'y avait aucune route dans le pays. Les Tibétains ne possédaient que peu d'objets occidentaux. Ils avaient leur

◄ *De magnifiques statues de Bouddha ornaient jadis les nombreux monastères du Tibet. La plupart étaient recouvertes de feuilles d'or et décorées de joyaux. Parfois, des photographies du dalaï-lama y étaient accrochées, comme on peut le voir ici.*

propre mode de vie, à la fois pittoresque et fascinant.

En 1943, un Autrichien, Heinrich Harrer, s'échappa d'un camp de prisonniers en Inde et, avec un ami, gagna le Tibet à pied. Tous deux réussirent à franchir la frontière, ce qu'aucun étranger non convié n'avait l'autorisation de faire. Lorsqu'ils atteignirent Lhasa, les autorités tibétaines furent si étonnées de les voir qu'elles leur permirent de rester. Harrer vécut au Tibet pendant sept ans et rencontra le dalaï-lama, qui n'avait alors que 8 ans. Celui-ci occupait cette fonction depuis trois ans. En 1950, lorsque les Chinois attaquèrent le Tibet, Harrer dut partir.

Le gouvernement chinois envahit le pays pour diverses raisons. D'abord pour protéger la Chine d'une attaque par l'ouest. Ensuite pour voler les richesses du pays (statues en or et en argent, pierres précieuses gardées dans les monastères, arbres dont le bois servirait en Chine et richesses minières). Enfin pour intégrer le Tibet dans la République populaire de Chine, puisque, depuis des siècles, les Chinois clamaient que le Tibet faisait partie de leur empire.

Pour toutes ces raisons, l'armée chinoise lança, en 1950, une offensive sur le passage menant au Tibet. La résistance tibétaine fut désemparée, les soldats n'étant équipés que de quelques vieux fusils. Ne s'intéressant que peu à l'étranger, le gouvernement tibétain n'avait jamais jugé important d'entretenir des liens d'amitié avec d'autres pays. Dès lors, lorsqu'il demanda l'assistance de l'étranger, aucun pays ne se risqua à s'attirer la colère de la Chine, alors puissante. Le Tibet fut rapidement occupé, et ce fut une catastrophe pour les Tibétains.

La Chine, au cours des quarante dernières années, s'est comportée très durement envers les Tibétains. Ainsi, afin de garder le pouvoir au Tibet, les Chinois ont tué, emprisonné et torturé des milliers de Tibétains. Dans les années 60, et plus particulièrement de 1955 à 1960, ils ont recouru à des punitions si sévères pour des délits peu importants, comme le fait de posséder une photo du dalaï-lama, que les autres nations ont commencé à protester.

Les autorités chinoises ont en même temps complètement réorganisé le mode de vie du Tibet, de sorte que les Tibétains ne peuvent plus vivre comme ils le souhaitent, pratiquer leur religion à leur gré ou empêcher la destruction de leur milieu.

Aujourd'hui, le peuple tibétain lutte pour sauvegarder son mode de vie, sa culture et son pays. Les habitants tentent d'assurer leur propre survie.

▲ Il est aujourd'hui courant de voir des soldats et des policiers chinois à Lhasa. Ici, on peut les voir patrouiller devant le célèbre monastère Jokhang.

Le mode de vie

Le mode de vie des Tibétains dépend de la région où ils vivent. Ainsi, la population active de Lhasa est divisée : les Tibétains y occupent soit un poste « officiel » chinois, qui leur octroie certains privilèges, soit un poste non gouvernemental, qui ne leur donne pas accès à ces avantages. Les habitants des vallées fluviales, quant à eux, peuvent cultiver la terre et y élever des animaux, le sol étant fertile et le climat approprié. Ce style de vie serait impossible pour les habitants du Changthang, le haut plateau du Tibet.

Bien que situé sous la même latitude que les îles Canaries, le Changthang a une telle altitude (jusqu'à 6 000 m) que ses caractéristiques climatiques en font le désert le plus effroyable de la planète : en hiver, les températures de la mi-journée dépassent à peine 0 °C et, la nuit, elles peuvent tomber à –35 °C. Sur ce type de terrain, à la végétation quasi inexistante, seuls les moutons, chèvres et yacks peuvent survivre. L'élevage est l'activité principale des nomades du Changthang, qui doivent adapter leur mode de vie à cet environnement impitoyable : cela signifie qu'ils doivent constamment déplacer leur troupeau et ne posséder que peu de biens.

Les enfants du Changthang ont donc une vie très différente de celle des enfants de Lhasa. Pema Norbu est une fillette de 12 ans. Avec sa famille, elle habite dans les prairies et vit sous une tente en poils de yacks. Au printemps, en été et en hiver, ils restent au même endroit, près d'un lac aux eaux turquoise. En automne, ils se déplacent, à deux jours de marche, pour que les animaux puissent se nourrir d'herbe fraîche.

Thé et tsamba

Les Tibétains ne font pas leur thé à l'occidentale. Les feuilles de thé sont d'abord bouillies, puis mélangées à du sel et à un peu de beurre. Le mélange est alors versé dans une baratte en bois. À l'aide d'une batte, le tout est finalement bien malaxé, et le thé est servi dans un petit bol en métal ou en argile.

La nourriture préférée des Tibétains est le tsamba. Il s'agit d'orge *(tsingko)* consommée sous forme de farine grillée. Ne nécessitant presque aucune préparation, le tsamba peut se déguster tel quel ou mélangé à du thé, du beurre, du fromage séché ou du yaourt.

▼ *Tibétaine portant la robe traditionnelle nationale et versant le thé à l'aide d'une baratte en bois*

▲ *Les nomades élèvent leur bétail dans les pâturages, qui constituent 70% du pays. Le Tibet est l'un des endroits les plus ensoleillés de la planète, avec près de 3 400 heures d'ensoleillement par an.*

L'une des tâches de Pema consiste à surveiller les moutons et les chèvres. Son père lui dit où elle doit emmener le troupeau et, au petit matin, elle part avec son lourd manteau, fait de dix peaux de moutons, son chapeau et ses bottes. Elle reste seule jusqu'au soir. Elle doit veiller à ce que le troupeau reste groupé et faire en sorte que les loups ne s'aventurent pas trop près. Lorsque son père lui a demandé pour la première fois de travailler, elle venait de fêter son huitième anniversaire. Elle était fière car elle se sentait presque adulte. Aujourd'hui, quatre ans plus tard, les journées lui semblent parfois longues, mais, comme il n'y a pas d'école, elle est aussi bien dehors avec les animaux.

Paljor Sonam a le même âge que Pema. Toutefois, sa vie est très différente. Avec sa famille, il vit à Lhasa dans une maison tibétaine typique: fenêtres larges et murs épais faits de boue. Le père de Paljor est sans emploi et la famille a du mal à joindre les deux bouts. Heureusement, un de ses oncles, chauffeur de poids lourds, leur donne un peu d'argent quand il le peut. Un autre oncle est moine. Il fut emprisonné après la grande manifestation de 1989 contre les Chinois, et personne ne sait où il est ni comment il va.

Lorsque Paljor ne va pas à l'école, il s'assied parfois avec son père dans le grand parc, près du célèbre monastère Jokhang, pour regarder les passants. Bien que son oncle dise que les Chinois ne sont pas tous mauvais, Paljor n'aime pas s'approcher trop des soldats. Il n'aime pas non plus s'approcher des Khampas tibétains, mais pour une autre raison. Ceux-ci ont la réputation d'être des guerriers féroces et ils marchent toujours fièrement dans le parc. Il aimerait porter des vêtements semblables aux leurs, et non les habits chinois verts qui lui sont imposés.

Paljor vient d'entrer dans le cycle secondaire; maintenant, il doit apprendre ses leçons en chinois et plus en tibétain. De plus, les Chinois de son âge le traitent de «barbare idiot» et autres insultes. Il préfère passer son temps libre avec ses amis à jouer aux guerriers khampas près de la rivière. Le meilleur moment de la journée pour cela est lorsque le soleil se couche derrière le Potala, le palais qu'occupait le dalaï-lama avant qu'il ne quitte le Tibet.

◀ *Guerrier khampa. Les Khampas ont combattu de manière implacable lors de l'invasion chinoise de leur pays. Ils sont connus pour leurs vêtements aux couleurs vives et les perles qu'ils portent dans les cheveux.*

3 *Le peuple et sa culture*

Le Potala (ci-dessus, à l'arrière-plan)

Construit en 1653 sur une colline dominant Lhasa, le Potala, le palais du dalaï-lama, haut de 178 m, se compose de treize étages et a demandé quarante années de travail. Pas très loin du centre de la ville s'élève le Jokhang, un célèbre monastère tibétain qui contient l'une des deux statues les plus vieilles et les plus vénérées du pays. Ces deux bâtiments sont au cœur de la vie tibétaine.

Le dalaï-lama actuel ne vit plus au Tibet, mais, avant de fuir les Chinois en 1950, il passait beaucoup de temps au Potala. À la fois chef spirituel et chef politique, le dalaï-lama réglait les affaires religieuses et les questions gouvernementales à l'intérieur de ce bâtiment.

Le Potala compte plus d'un millier de pièces, salles de conférences et chapelles. Les deux parties externes, peintes en blanc, contenaient le monastère privé du dalaï-lama, une école pour les autorités monastiques, divers bureaux gouvernementaux et les salles de réunion de l'Assemblée nationale. La partie centrale, en rouge brun, formait le palais religieux et contient encore les pagodes funéraires de neuf dalaï-lamas précédents. Ces impressionnantes sépultures, situées au cœur du bâtiment, sont couvertes d'or et de joyaux. Autour d'elles, dans les chapelles sombres, des centaines de petites lampes étincellent, et leur faible lueur fait briller l'or des tombes et des statues de Bouddha. Avant l'invasion des Chinois, les salles situées en dessous étaient emplies de trésors et de précieux livres religieux. Personne ne sait ce qu'ils sont devenus.

▲ *Le yack est un ruminant vivant uniquement au Tibet. Ce bovidé peut atteindre 1,80 m au garrot. Ses cornes sont si grandes qu'elles sont parfois évidées pour y ranger des objets.*

Sous le dalaï-lama et la seconde autorité du Tibet, le panchen-lama, se trouvait une hiérarchie de moines et de nobles détenant le pouvoir. Le Tibet était une société de type féodal où la plupart des terres appartenaient à un domaine seigneurial ou à un monastère dont dépendaient plusieurs centaines de familles paysannes. Les paysans étaient liés à leur maître et ne pouvaient se déplacer dans le pays sans leur permission. La vie pouvait être rude pour les paysans, mais leurs maîtres leur offraient protection. Les femmes avaient le même statut que les hommes, chose inhabituelle en Asie, même de nos jours.

Le Tibet était autosuffisant : l'orge était l'aliment de base et la famine n'existait pas. Chaque automne, après les moissons, les marchands partaient avec une immense caravane de yacks, de mules et de chameaux vers la Mongolie, la Chine et l'Inde. Là, ils échangeaient leurs biens contre du sel, de la poussière d'or, de la laine et des herbes. Ils troquaient les queues de yacks contre du thé, du tabac,

Les moulins à prières

Les moulins à prières manuels se composent d'un petit bâton surmonté d'un cylindre rotatif. Après avoir été bénie par un moine, la partie supérieure du cylindre est remplie de morceaux de papier sur lesquels sont inscrites des prières. En signe de dévotion, les pèlerins font le tour du monastère dans le sens des aiguilles d'une montre, en tournant leur moulin dans la même direction. Certains moulins à prières, non manuels, mesurent 50 cm de haut, alors que d'autres peuvent atteindre le plafond.

▲ *Voici le monastère de Ganden avant l'invasion chinoise. C'était l'un des plus grands monastères du Tibet et l'un des plus connus. Il abritait six mille moines. L'armée chinoise détruisit les bâtiments et renvoya les moines chez eux. Page 20 figure une photographie du monastère de Ganden tel qu'on peut le voir aujourd'hui.*

des chevaux, de la soie, de l'argent et des allumettes. Dans ces pays, les queues de yacks étaient utilisées pour chasser les mouches et comme fausses barbes.

Lorsque la Chine envahit le Tibet, cela faisait plus de mille ans que la religion bouddhiste régissait la vie des Tibétains. Il y avait alors près de six mille monastères (ou lamaseries). Certains se trouvaient près de petits villages et d'autres – tels Se-ra, Ganden et Drepung près de Lhasa – étaient si grands qu'ils formaient de petites villes à eux seuls. Le plus grand monastère abritait environ dix mille moines de tous âges, dont des enfants. Le peuple, fort ignorant, envoyait volontiers ses enfants dans les monastères. Avant l'occupation chinoise, un Tibétain sur quatre était moine ! Les femmes pouvaient être religieuses, mais il y en avait très peu.

Les monastères étaient des centres de culture où l'on apprenait la religion, l'art, l'architecture, la médecine et la littérature. Certains renfermaient, depuis des siècles, des livres et des œuvres d'art d'une valeur inestimable, et des études poussées y étaient réalisées. Certains moines y étudiaient pendant vingt ans

avant de passer les plus hauts examens.

Pour les Tibétains, faire tourner des moulins à prières, fixer des rouleaux à peinture et se prosterner sont des attitudes permettant d'atteindre la perfection. Les moulins envoient les prières dans le monde entier. Les rouleaux, qui sont fixés aux toits des maisons, aux crêtes montagneuses ou aux ponts, sont des pièces de tissus colorés où sont imprimées des prières. Lorsque le vent souffle sur les rouleaux, il propage les prières dans les airs.

La prosternation est une attitude spéciale par laquelle les Tibétains montrent leur respect et leur humilité à un dieu. Au Tibet, les gens aiment se prosterner devant une statue sacrée ou tourner dans le sens des aiguilles d'une montre autour de certains endroits. Le circuit de pèlerinage le plus important se trouve à l'intérieur du Jokhang, à Lhasa. Le second circuit, le Barkhor, entoure le Jokhang. Le troisième circuit, le Linkhor, était une route de 6 km qui entourait jadis la ville de Lhasa. Ces trois routes étaient toujours noires de monde.

Les festivals religieux étaient célébrés avec ferveur. Le plus important était le Monlam, un grand festival de prière qui se tenait au Jokhang. Des milliers de moines et de gens du peuple se rendaient à Lhasa pour trois semaines afin de prendre part à des offices religieux, des sermons publics, des parades,

La prosternation

La forme la plus élaborée de prosternation comporte quatre positions. D'abord, il faut joindre les paumes des mains et lever les mains au-dessus de la tête, puis les ramener vers l'avant, en portant l'extrémité des index au front, puis aux lèvres, et enfin au cœur. Ensuite, il faut s'agenouiller et placer son visage contre le sol en étirant les bras devant soi. Enfin, il faut marquer le sol à l'endroit touché par l'extrémité des doigts, se relever et se placer à cet endroit précis. Il faut alors répéter le mouvement.

C'est de cette manière que les pèlerins les plus dévots se prosternent autour d'un bâtiment ou d'une statue. Jadis, des pèlerins venant de l'est du Tibet se prosternaient ainsi durant tout le trajet entre leur maison et Lhasa. Ce voyage pouvait durer trois ans! Ils portaient des coussinets spéciaux pour protéger leurs genoux et leurs mains, ainsi qu'un tablier de cuir.

des courses de chevaux et d'autres événements hauts en couleur. Les moines revêtaient à cette occasion leurs plus beaux atours : bonnets pointus jaunes ou rouges, robes spéciales et écharpes de soie. Ils allumaient des lampes devant des images de Bouddha incrustées de joyaux, plaçaient d'immenses sculptures faites de beurre et peintes près du Jokhang et jouaient de la musique. Durant la majeure partie des célébrations, le dalaï-lama et d'autres moines importants observaient les rituels depuis une plate-forme qui s'élevait à côté de la cathédrale bouddhique.

La civilisation tibétaine existait depuis plus de mille ans lorsque les Chinois envahirent le Tibet, et il semblait peu probable qu'elle s'éteigne un jour. Cependant, en 1932, le trei-

▼ *Ces moines musiciens sont vêtus de leurs plus beaux atours à l'occasion d'un festival religieux.*

La recherche du quatorzième dalaï-lama

Deux ans après la mort du treizième dalaï-lama, le dirigeant temporaire du Tibet eut une vision devant lui faire découvrir le prochain dalaï-lama. Dans l'eau claire, il vit une route menant vers l'est et partant d'un monastère aux toits en or et en jade. Au bout de la route s'élevait une maison aux tuiles turquoise, et un chien blanc et brun aboyait dans la cour. Plus tard, il rêva de cette maison et de ses gouttières aux formes étranges. Il envoya bientôt des émissaires au nord-est où ils découvrirent le monastère. Ils cherchèrent parmi des enfants pendant six mois avant d'entendre parler d'un garçon étonnant dans le village agricole de Takser.

Déguisés en marchands, le moine supérieur et ses émissaires atteignirent le village et découvrirent la maison aux tuiles turquoise et aux gouttières étranges. Dans la cour, un chien blanc et brun se mit à aboyer et, dans la cuisine, ils aperçurent un jeune garçon de deux ans et demi. Ils le mirent à l'épreuve en plaçant plusieurs objets sur une table, certains ayant appartenu au dalaï-lama précédent. Sans hésitation, l'enfant choisit les bons objets. Ensuite, en cherchant les marques traditionnelles sur son corps, ils en trouvèrent trois sur huit. Il n'y avait plus aucun doute : ils avaient trouvé le quatorzième dalaï-lama.

▲ *Le dalaï-lama enfant. Tenzin Gyatso n'était âgé que de cinq ans lorsqu'il devint le dirigeant du Tibet.*

zième dalaï-lama fit une terrible prophétie : « Viendra un temps où la religion et le gouvernement du Tibet seront attaqués de l'extérieur et de l'intérieur. À moins de garder notre pays, le dalaï-lama et le panchen-lama, le Père et le Fils, et tous les détenteurs de la Foi disparaîtront et perdront leur nom. Les moines et les monastères seront détruits. La loi sera affaiblie et les terres et les propriétés des autorités gouvernementales seront saisies. Ces dernières seront forcées de servir leurs ennemis ou d'errer dans le pays comme des mendiants. Tous les habitants seront en proie à de dures privations et à une peur sans égale ; les jours et les nuits s'écouleront lentement dans la souffrance. » À l'époque, personne ne comprit cette prophétie.

En décembre 1933, le treizième dalaï-lama mourut. On se mit alors à la recherche de son successeur. Il pouvait se trouver n'importe où dans le pays, et on ne pouvait le découvrir qu'en suivant certains présages, prophéties et signes compris seulement des moines et des politiciens de haut rang.

Ce n'est qu'en février 1940 qu'il fut possible de proclamer formellement le quatorzième dalaï-lama. Il s'agissait d'un petit garçon âgé de cinq ans. Son intronisation eut lieu dans la grande salle du Potala. Dix ans plus tard, les Chinois envahissaient le pays.

L'invasion chinoise

Au cours des neuf années qui suivirent l'invasion du Tibet, les autorités chinoises accrurent progressivement leur contrôle sur le pays en bâtissant des routes, en collectant des impôts et en changeant par la force le mode de vie tibétain, afin qu'il s'inscrive dans la lignée du système communiste.

En mars 1959, la condition des Tibétains de Lhasa était telle qu'ils se rebellèrent. Cependant, étant pratiquement démunis d'armement moderne, les Tibétains restèrent impuissants contre l'artillerie chinoise qui réprima la révolte. Un grand nombre de Tibétains furent arrêtés et exécutés. C'est à cette époque que le dalaï-lama s'exila en Inde, considérant qu'il serait plus utile à son peuple hors du pays. La plupart des membres de la noblesse et du clergé, ainsi qu'un bon nombre de marchands et de paysans, le suivirent.

À la suite du soulèvement national, de profonds changements dans la vie sociale et religieuse du Tibet furent entrepris par les autorités chinoises. La région autonome du Tibet, dans le cadre de la République populaire de

▲ Ces Tibétains exilés à Dharamsala, en Inde, manifestent contre l'occupation de leur pays lors de la commémoration du soulèvement national de 1959.

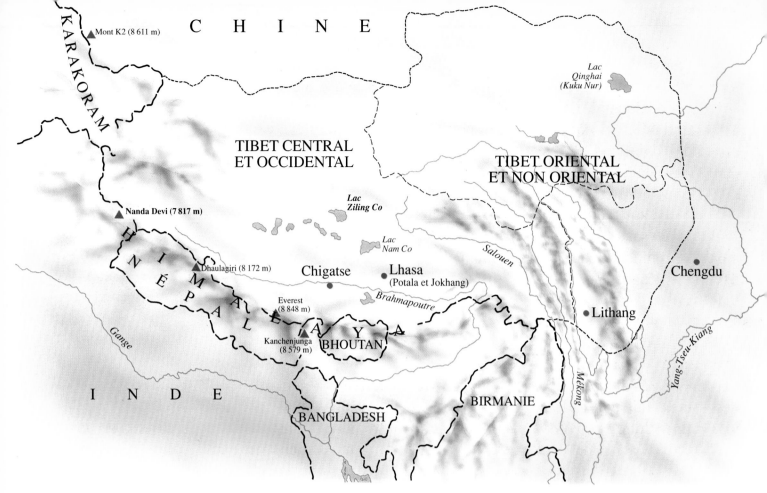

La carte ci-dessus montre les frontières du Tibet avant l'invasion chinoise,
celle ci-dessous montre l'étendue de la région autonome du Tibet.

Chine, fut inaugurée officiellement le 9 septembre 1965. Elle ne comprend que le Tibet central et occidental. La Chine déclara que le Tibet oriental et non oriental faisait partie des provinces chinoises et non plus du Tibet. Il était donc impossible pour les Tibétains de négocier au nom du peuple tout entier.

L'armée chinoise considérait qu'elle «libérait» les paysans tibétains de leur passé «suranné» et «modernisait» le pays au bénéfice de tous. Néanmoins, les Tibétains voyaient leur pays bel et bien envahi de force, et ils étaient contraints de vivre comme des citoyens de seconde classe sur leurs terres.

Pourtant, il est indéniable que les Chinois ont réalisé des améliorations: ils ont construit des routes, fait naître des industries, modernisé l'agriculture et ouvert des hôpitaux et des écoles. Mais, au fil des ans, il est vite apparu que ces améliorations ne profitaient qu'aux

Chinois et à quelques responsables tibétains au lieu d'aider les gens du peuple. Ainsi, les routes furent tracées à des fins militaires et pour faciliter l'abattage des arbres; les industries n'employaient pour leur part que des ouvriers chinois. D'ailleurs, la plupart des Tibétains sont aujourd'hui plus mal lotis qu'avant l'invasion des «libérateurs».

Entre 1966 et 1979 notamment, les responsables du parti communiste chinois étaient déterminés à se débarrasser des «vieilles traditions, des vieilles pensées, des vieilles cultures et des vieilles coutumes». Cette campagne entre dans une période de l'histoire chinoise appelée la «Grande Révolution culturelle prolétarienne». Durant cette période de troubles (1966-1976), des milliers de personnes perdirent la vie et de nombreux objets précieux furent détruits.

Bien que la Révolution culturelle ait pris

◀ Ces statues détruites ont été découvertes dans le palais d'été du dalaï-lama. Ces dernières années, des photographies ont montré à quel point les monastères et les palais ont été saccagés par les soldats chinois, qui laissèrent derrière eux de magnifiques objets d'art brisés parmi les ruines.

▲ *En 1967, le monastère de Ganden fut détruit par les étudiants chinois organisés en gardes rouges. Un réfugié tibétain raconte: «Ils ont détruit les monastères, les statues et les écrits, tout ce qui formait notre héritage culturel depuis des milliers d'années.»*

fin en 1976 en Chine, il fallut attendre 1979 pour voir la situation s'améliorer au Tibet. Les Chinois prirent conscience d'avoir commis des erreurs importantes au cours des années précédentes, et les autorités améliorèrent les conditions de vie des Tibétains. Cette période ne dura pourtant pas longtemps. Depuis 1987, la vie dans le pays, et notamment à Lhasa, est redevenue pénible.

La religion

Les monastères jouant un rôle important dans la vie des Tibétains, les autorités chinoises croyaient qu'en les détruisant, elles pourraient avoir un contrôle plus ferme sur le pays. En 1978, les quelque six mille monastères et monuments religieux du Tibet, à l'excep-

tion de treize édifices, avaient été rasés. La quasi-totalité des ouvrages d'art, livres et autres trésors qu'ils contenaient avait été brûlée, vendue ou détruite. Durant de nombreuses années, le Jokhang fut utilisé comme caserne et comme porcherie. Le Linkhor, l'un des circuits sacrés utilisés pour les prosternations, était coupé de routes et de bâtiments, de sorte qu'il n'était plus possible de l'utiliser selon la tradition.

Avant l'invasion chinoise, il y avait plus de cent mille moines dans les monastères du Tibet central. En 1966, il n'en restait que six mille sept cents. Les autres avaient été emprisonnés, tués ou chassés. Ainsi, en quelques années seulement, le lien unissant les moines au peuple avait été brisé.

Durant la Révolution culturelle, les Tibétains n'avaient plus l'autorisation de pratiquer le bouddhisme. Néanmoins, vers la fin des années 70, les autorités chinoises tolérèrent certaines activités religieuses et, depuis quelques années, de nouveaux moines ont été ordonnés. Cependant, ils sont étroitement surveillés par les autorités qui s'assurent que leurs activités soient «politiquement correctes». De plus, ils ne peuvent entreprendre leurs études traditionnelles.

Quelques fonds ont été fournis pour la reconstruction d'un petit nombre de monastères sur les routes touristiques, et le Jokhang a été partiellement restauré et est à nouveau ouvert. En 1986, le festival de prière Monlam put avoir lieu pour la première fois depuis vingt ans. Néanmoins, depuis 1987, un grand nombre de moines et de religieuses sont de nouveau emprisonnés et torturés pour avoir joué des rôles importants dans les manifestations pour l'indépendance.

En mars 1989, les relations entre les autorités et les Tibétains devinrent si tendues que les Chinois instaurèrent la loi martiale. Des soldats et des tanks stationnèrent durant un an dans les rues de Lhasa et dans un rayon de 60 km. Un contrôle très strict fut exercé sur tous les Tibétains, surtout ceux des monastères. En 1989, les Tibétains refusèrent de célébrer le festival Monlam parce que, disaient-ils, les Chinois se servaient de cet événement pour prétendre faussement que tout était

▼ *Monastère en pleine restauration. Depuis 1985, quelques monastères ont été reconstruits. Les dirigeants chinois essaient d'attirer des touristes au Tibet car la Chine a besoin d'argent et espère le trouver grâce au tourisme.*

calme dans le pays. Les Chinois arrêtèrent alors l'un des principaux moines parce qu'il n'incitait pas le peuple à célébrer le festival. Depuis, cette cérémonie a été supprimée.

L'éducation

Ces trente dernières années, les Chinois ont bâti plus de mille écoles au Tibet, mais les jeunes Tibétains n'en sont pas les premiers bénéficiaires. Dans les zones rurales, où la population chinoise est faible, il n'existe aucune école. À l'école primaire, les enfants tibétains apprennent leurs leçons dans leur propre langue et, dès l'âge de neuf ans, ils suivent trois heures de chinois par semaine. Par ailleurs, les Chinois sont séparés des Tibétains et suivent les cours en chinois. Durant le primaire, ils ont trois heures de tibétain par semaine.

Seulement 5 % des enfants tibétains entrent à l'école secondaire à l'âge de douze ans, et juste un tiers termine ce cycle car, à ce niveau, les leçons sont données uniquement en chinois. Comme, à l'école primaire, les Tibétains n'avaient que trois heures par semaine pour apprendre le chinois, langue à l'alphabet totalement différent, ils suivent difficilement les cours et, finalement, beaucoup abandonnent. Il n'est pas surprenant que les enfants chinois aient de meilleurs résultats et il est facile de comprendre pourquoi certains traitent les Tibétains d'idiots.

▲ *Élèves tibétains. Dans le cycle secondaire, les cours sont donnés en chinois et les enfants tibétains ont du mal à suivre. Rares sont ceux qui parviennent à la fin du cycle et peuvent entrer à l'université.*

▲ *Avant l'invasion du Tibet, Lhasa (à gauche) était une petite ville. Après l'invasion chinoise, un grand nombre de bâtiments modernes furent construits (ci-dessus). Bon nombre de ces nouveaux bâtiments ne sont pas en harmonie avec le style d'architecture tibétain.*

Selon un recensement chinois de 1982, ce système scolaire donnait pour résultat un taux d'analphabétisme ou de semi-analphabétisme de 78,3%. Il est donc très difficile pour les Tibétains d'obtenir un emploi dans un système d'État s'ils ne parlent pas suffisamment bien le chinois. S'ils trouvent un emploi non officiel, ils n'ont pas autant de privilèges que ceux travaillant pour l'État. En fait, les Tibétains ne disposent pas d'une éducation suffisante pour concurrencer les Chinois sur le marché de l'emploi. Dès lors, beaucoup sont sans travail (dans la vallée de Lhasa, 70% de la population est inactive).

▲ *Marchands chinois sur un marché du Tibet. Les Chinois contrôlent la majeure partie du commerce à Lhasa. Étant mieux payés que les Tibétains, ils peuvent s'offrir une meilleure nourriture. Près de 70 % des Tibétains de Lhasa sont sans emploi et peu d'entre eux peuvent faire leurs courses dans les mêmes endroits que les Chinois.*

Les nouveaux arrivants

Depuis le début des années 80, les autorités chinoises ont encouragé la population chinoise à venir s'établir au Tibet. Près de soixante mille ouvriers sont venus de Chine pour travailler sur divers projets, dont celui de la construction.

Bon nombre de Chinois se plaignent de la vie au Tibet parce que, selon eux, le pays est éloigné, froid, dénué de tout confort et peuplé par des barbares. Ils ne restent que pour les salaires intéressants et autres avantages, souvent meilleurs qu'en Chine. Ainsi, un professeur chinois peut gagner cinq fois plus au Tibet que dans sa région. Une prime spéciale en raison de l'altitude du plateau tibétain, une

prime d'éloignement, des taxes moins élevées, un horaire moins chargé et des vacances plus longues sont autant d'avantages. Pour ces raisons, des milliers d'émigrants chinois se sont rendus au Tibet ces dernières années. Cette nouvelle situation inquiète les Tibétains qui craignent une supériorité numérique chinoise dans leur propre pays. On sait déjà que la population de Lhasa compte plus de 50 % de Chinois.

Si les Chinois continuent à s'installer dans le pays, cela signifie que les Tibétains auront dans l'avenir un pouvoir politique insignifiant dans leur propre pays, et que leur culture risque d'être submergée par un raz de marée de « chinoiseries ».

5 Les droits de l'homme

En 1948, l'O.N.U. adopta la Déclaration universelle des droits de l'homme. Celle-ci assure, entre autres, que nul ne peut être soumis à la torture et à l'esclavage, et que tout individu a le droit à la liberté de pensée, d'expression, de conscience et de religion, le droit de rassemblement en un endroit et le droit à un jugement équitable. Ces droits sont considérés comme «le fondement de la liberté, de la justice et de la paix dans le monde».

Cette Déclaration universelle des droits de l'homme est devenue un instrument permettant d'évaluer à quel point un gouvernement prend soin de son peuple. Si les agissements

▲ *Tibétains manifestant à Lhasa, le 10 décembre 1988, à l'occasion du quarantième anniversaire de la Déclaration universelle des droits de l'homme. Au cours de cette manifestation, un moine fut abattu par la police. Selon les sources tibétaines, il y aurait eu 18 morts.*

25

▲ *Troupes chinoises se massant à Lhasa avant la manifestation du 10 décembre 1988. On estime à 300 000 le nombre de soldats stationnés au Tibet.*

d'un État ne sont pas à la hauteur de la Déclaration, son gouvernement sera critiqué par des organisations telles qu'Amnesty International, dont la tâche est de dénoncer les abus des droits de l'homme. En les rendant publics, Amnesty International espère y mettre fin.

Dans de nombreuses régions de Chine, y compris au Tibet, tout le monde ne jouit pas des droits établis par l'O.N.U. En Chine, la loi permet, entre autres, la liberté d'expression, de croyance, la liberté de ne pas être d'accord avec le gouvernement. Dans la pratique, ces droits sont souvent très limités. Ainsi, Amnesty International a la preuve que de nombreuses personnes, tant en Chine qu'au Tibet, sont emprisonnées durant de longs mois simplement pour avoir critiqué le gouvernement dans un endroit public, voire même en privé. En Chine, contrairement à la plupart des pays occidentaux, un prisonnier est reconnu coupable jusqu'à ce qu'il prouve son innocence, et moins de 2 % des accusés sont reconnus innocents. Les accusés ont donc peu de chances d'échapper à une punition. Celle-ci peut aller d'une amende à une peine de prison, voire la mort.

On a estimé, pour la période 1950-1990, à 1 200 000 le nombre de Tibétains dont la mort était directement liée à l'invasion du Tibet. Ce chiffre est si important que l'on parle de génocide. En 1959 et 1960, la Commission internationale des juristes, un organe respecté composé d'avocats et de juges, déclara qu'un génocide était effectivement perpétré par les Chinois sur la nation tibétaine.

Les sources ne concordent pas toutes, mais le nombre de Tibétains morts durant la répression de 1959 serait de 10 000. Les Tibé-tains parleraient même de 430 000 morts pour la période allant de 1959 à 1975. Même s'il est difficile d'évaluer avec certitude le nombre de victimes, il est sûr que des milliers d'opposants au régime de la République populaire de Chine ont été emprisonnés sans procès ou, après des procès sommaires, placés dans des camps spéciaux. Les condi-

Membre de la sécurité chinoise en faction sur le toit du Potala. À Lhasa, les activités des Tibétains sont étroitement surveillées à tout moment par les troupes chinoises et la police secrète.
▶

Ngaurang Chen (ci-dessus)

Ngaurang Chen fut arrêtée par les autorités chinoises en 1989, après une manifestation pour l'indépendance du Tibet. En prison, elle fut battue à coups de bâton et reçut régulièrement des coups de pied de ses gardiens. On l'affama et, bien que ses parents lui aient souvent fait parvenir de la nourriture, elle ne la reçut jamais. Alors qu'elle avait les mains liées, des chiens affamés furent lâchés dans sa cellule. Une fois libérée, elle s'enfuit du Tibet. Elle vit aujourd'hui à Dharamsala, dans le nord de l'Inde.

tions de vie y sont si pénibles et les prisonniers tellement maltraités que des milliers d'entre eux sont morts. Ceux qui ont survécu ne furent relâchés que dans les années 70.

Tane Jigme Sampo comptait parmi ces prisonniers. Il était instituteur à Lhasa, en 1960, lorsqu'il fut arrêté pour la première fois pour avoir «corrompu l'esprit des enfants avec des idées réactionnaires», alors qu'il espérait simplement «la restauration de l'ancienne structure sociale». Il fut emprisonné de 1960 à 1979. Il dut ensuite travailler sous surveillance étroite durant quatre années, puis fut à nouveau emprisonné. Le 6 décembre 1991, il fut mis en cellule d'isolement parce que, avec trois autres prisonniers, il avait apparemment crié des slogans en faveur de l'indépendance du Tibet. À cette époque, il avait déjà passé

25 ans en prison. Amnesty International l'a placé dans sa liste de «prisonniers de conscience» et se préoccupe beaucoup de son état de santé et des conditions de sa détention. À plusieurs reprises, l'organisation a demandé, en

vain, des informations à son sujet aux autorités gouvernementales du Tibet et de Pékin.

À partir de 1980, le Comité central du parti publia des directives pour une nouvelle politique à mettre en œuvre au Tibet. Par exemple, un petit nombre de monastères qui avaient été fermés ou partiellement détruits furent rou-

verts et restaurés. En 1984, le Tibet put s'ouvrir au tourisme international, car la Chine voulait accroître ses réserves de devises étrangères. La population fut exemptée d'impôts agricoles pour quelques années, et les paysans furent plus libres dans leur choix de culture. Néanmoins, des moines et des reli-

◀ *Jeunes moines tibétains au monastère de Drepung. Aujourd'hui, une petite partie de ce qui fut jadis un grand monastère a été restaurée, mais des soldats chinois armés patrouillent toujours devant les portes.*

▲ *Un des nombreux Tibétains abattus lors des manifestations de mars 1989 contre l'occupation chinoise du Tibet. Des manifestations pacifiques ont si souvent été réprimées par la violence que certains Tibétains commencent à désapprouver la politique de résistance pacifique du dalaï-lama (voir page 42).*

gieuses continuèrent à être arrêtés pour leurs actions ou manifestations contre le régime chinois. Au Tibet, les moines et les religieuses mènent souvent les manifestations car, n'étant pas mariés, ils ne risquent pas de voir leur conjoint ou leurs enfants emprisonnés et torturés.

Depuis la fin des années 80, il y a eu de nombreuses manifestations dans le pays. En mars 1988 et en mars 1989 surtout, des milliers de Tibétains se rassemblèrent près de Barkhor, dans le parc principal de Lhasa, pour protester contre l'occupation. Les troupes chinoises ouvrirent le feu, bien que les Tibétains n'eussent que des pierres ou des

barres de fer pour se défendre. Selon Amnesty International, «au moins soixante civils ont été tués et des centaines d'autres blessés par la police et les forces militaires» durant les manifestations de mars 1989.

Des arrestations massives furent réalisées à la suite de ces grandes marches de protestation, et la loi martiale fut instaurée de mars 1989 à mai 1990. Depuis l'abolition de la loi martiale, les arrestations se sont poursuivies, bien que leur nombre n'ait jamais été aussi élevé depuis lors. Hommes et femmes, civils ordinaires, moines et religieuses, jeunes et vieux, tous étaient mis en détention provisoire. Les adolescents eux-mêmes n'étaient pas à l'abri : selon Amnesty International, une jeune religieuse de 16 ans fut arrêtée en juin 1991 pour avoir pris part à une manifestation dans le parc de Barkhor.

De nombreux rapports font état des mauvais traitements que réservent les autorités aux prisonniers politiques. Après leur arrestation, les prisonniers sont battus et soumis aux électrochocs. Certains sont violés, d'autres suspendus à une échelle et battus à l'aide de barres de fer. Beaucoup sont mis en cellule d'isolement durant de longues périodes. Des prisonniers doivent rester debout ou assis des heures durant sans pouvoir bouger. Ces traitements sont censés les obliger à divulguer des informations ou servent simplement à les effrayer.

La plupart des gens traités de la sorte sont des manifestants ou des activistes politiques, mais Amnesty International déclare que « même les proches des activistes, dont des enfants, ont été torturés ».

La situation des droits de l'homme au Tibet s'est aggravée dernièrement. Des centaines de prisonniers politiques sont détenus sans avoir connu de procès. Beaucoup sont emprisonnés pour de longues périodes après des procès sommaires qui ont eu lieu dans les années 70 ou 80. La torture et les mauvais traitements sont régulièrement utilisés. Très souvent, le seul crime commis par ces prisonniers est d'avoir réclamé, par des moyens pacifiques, l'indépendance du Tibet.

▼ *La prison de Drapchi (devant, à droite) est la plus connue de Lhasa. On estime qu'environ cent prisonniers politiques y sont détenus.*

La destruction de l'environnement

La Chine a utilisé les ressources naturelles du Tibet de manière irresponsable. Le peuple chinois appelait le Tibet le «trésor occidental». Si la Chine a envahi le Tibet, c'était entre autres pour s'approprier les richesses du pays: arbres, minéraux et animaux. Ces quarante dernières années, l'abattage d'immenses étendues de forêts, l'augmentation de la population et la pratique intensive de la chasse ont gravement modifié l'équilibre naturel.

Jadis, la faune et la flore du pays étaient protégées, en partie grâce à la philosophie bouddhiste selon laquelle il ne faut tuer un animal qu'en cas de nécessité. Quoi qu'il en soit, la densité de population était si faible que les animaux sauvages et les oiseaux prospéraient. Il semble que certaines régions abritaient de grands troupeaux de yacks et d'antilopes, de muscs et d'onagres. On pouvait même voir de rares léopards des neiges, des lynx, des ours bruns de l'Himalaya et des singes. Les espèces d'oiseaux comprenaient, entre autres, des aigles, des faisans blancs, des canards Brahmini et des grues.

▼ *La vallée fertile de Lhasa. Des fermiers tibétains se sont plaints que les engrais chimiques qu'ils sont obligés d'utiliser polluent l'eau et le sol et empoisonnent leurs animaux. Ils pensent que les autorités chinoises se servent d'eux pour tester le degré de toxicité de leurs produits chimiques.*

▲ *L'onagre, un âne sauvage, n'est qu'un des représentants de la faune diversifiée du Tibet. Malheureusement, celle-ci est menacée et le gouvernement chinois ne prend aucune disposition pour la préserver.*

La plupart des Chinois ont une attitude différente envers la nature, la considérant comme une ressource. Ainsi, des soldats chinois ont abattu à la mitrailleuse des troupeaux entiers d'onagres pour se nourrir ou s'amuser. Les Chinois installés au Tibet ont chassé le léopard des neiges ainsi que des singes de l'Himalaya et des yacks sauvages, des espèces qui sont toutes en voie d'extinction.

À la fin des années 50, une campagne eut lieu en Chine et au Tibet contre quatre fléaux importants : les oiseaux, les mouches, les rats et les moustiques. Chacun, y compris les Tibétains, reçut la consigne de tuer un certain nombre de ces animaux chaque semaine. On distribua des catapultes aux garçons et des tapettes à mouches aux filles. Des milliers d'oiseaux furent massacrés et certaines familles, comme celle des colombes et des pigeons, ne s'en remirent jamais. Plusieurs espèces d'oies et de canards sont aujourd'hui éteintes au Tibet.

Un enterrement céleste

Au Tibet, le bois est trop rare pour que l'on brûle les morts et le sol trop dur durant la majeure partie de l'année pour qu'on les enterre. Selon la coutume tibétaine, les cadavres sont coupés en morceaux, puis ceux-ci sont mélangés à de la viande. Le tout est déposé sur un rocher où les aigles viennent se nourrir.

◀ *Ces camions chargent des troncs d'arbres au pied d'une colline défrichée. En 1949, avant l'invasion chinoise, les forêts du Tibet couvraient 221 800 km². La Chine a un besoin immense de bois; vers 1985, les Chinois avaient abattu tellement d'arbres que les forêts ne couvraient plus que 134 000 km².*

Le plateau tibétain est aussi riche en minéraux. Le sol des collines proches de Lhasa contient de l'uranium, utilisé dans la fabrication de l'armement nucléaire. Ces gisements d'uranium semblent être les plus vastes du monde. L'or, le cuivre, le zinc et d'autres minéraux sont aussi présents en grandes quantités au Tibet. Les autorités chinoises n'ont pas perdu de temps pour installer des mines et extraire un maximum de ces substances naturelles afin de les envoyer dans leur pays.

Les Tibétains sont un peuple pacifique. Ils ne veulent pas d'armes nucléaires sur leur territoire, mais il semble que l'armée chinoise ait placé le quart de son arsenal nucléaire sur le plateau tibétain, situé bien au-dessus du niveau de la mer. Ainsi, les fusées lancées à partir du plateau tibétain peuvent parcourir une plus longue distance. Dans les années 60, la Chine a construit un de ses plus grands sites de missiles nucléaires à Nagchuka, à 320 km au nord de Lhasa. On pense que le site pourrait contenir près de 90 missiles, mais seule la

Chine en connaît le nombre exact car le site de Nagchuka est étroitement surveillé.

Pendant des siècles, les Tibétains ont abattu les arbres uniquement lorsqu'ils en avaient besoin, et ils en replantaient d'autres. La population était peu nombreuse. La Chine, au contraire, est fortement peuplée, et l'invasion du Tibet lui a offert une source de bois immense pour sa population. Elle a construit des routes pour faciliter l'accès et commencé à raser de grandes étendues de forêts. Bon nombre de versants montagneux, jadis verdoyants, furent mis à nu. Les bûcherons n'utilisaient que les meilleurs troncs et laissaient les autres pourrir sur place, ce qui aggrava encore la situation.

Pendant des années, les camions emmenèrent le bois jour après jour. Parfois, cinquante camions quittaient le Tibet toutes les heures. Les troncs étaient aussi transportés sur les cours d'eau. Un touriste a vu des troncs qui encombraient un fleuve sur 300 km.

Seulement le quart des arbres abattus en Chine a été remplacé. Dès lors, le gouvernement chinois a adopté des lois interdisant la destruction des forêts et encourageant vigoureusement la plantation d'arbres. Cependant, le Tibet est à des milliers de kilomètres de Pékin, la capitale chinoise où sont promulguées les lois, et les dirigeants locaux ne veillent pas à ce que les directives de l'autorité centrale soient correctement appliquées. C'est

▼ *Ces camions transportent des troncs vers la Chine. L'abattage des arbres et le transport du bois sont une source d'emploi importante au Tibet: près de 20 000 soldats chinois et leurs prisonniers tibétains travaillent dans ce secteur.*

pourquoi, aujourd'hui encore, de grands convois de camions chargés de troncs quittent chaque jour le Tibet pour la Chine. Peu d'arbres sont replantés.

Or, les arbres maintiennent l'équilibre écologique. Un abattage intensif peut gravement endommager non seulement le milieu proche des arbres, mais également des régions éloignées. Les arbres aident la terre à absorber les eaux de pluie et à stabiliser le sol des collines. Une fois les arbres abattus, rien n'arrête plus l'écoulement des pluies le long des collines, et la couche supérieure du sol est emportée par l'eau. Le mélange d'eau et de terre va se déposer loin de là, au fond des

cours d'eau, ce qui entraîne des inondations. Les collines, privées de leur couche de terre arable, sont difficilement cultivables.

Les forêts absorbent la chaleur du soleil. Aujourd'hui, du fait de la déforestation, le plateau tibétain met davantage de temps à se réchauffer. Ce phénomène affecte aussi l'Inde, le Bangladesh et d'autres pays d'Asie du Sud-Est. De plus, cela signifie aussi que la saison des pluies au Tibet commence plus tard et que les pluies sont moins intenses. En permettant l'abattage d'un si grand nombre d'arbres au Tibet, les autorités chinoises ont nui non seulement aux capacités agricoles du Tibet, mais également à celles d'autres pays.

7 La résistance

À l'intérieur du Tibet

Il est difficile et surtout très dangereux pour les Tibétains de manifester contre l'occupation chinoise dans leur pays. Certains tentent de manifester dans les rues et s'opposent aux autorités chinoises dès que possible. Quelques personnes téméraires essaient d'envoyer des messages vers le monde extérieur. Ainsi, même au plus fort de la loi martiale, des touristes se sont vu remettre de petits morceaux de papier disant: «Nous en appelons à tous ceux qui luttent pour la dignité humaine afin qu'ils aident le Tibet à regagner son indépendance. En même temps, aidez-nous à obtenir l'envoi de missions des Nations unies, d'Amnesty International, d'Asia Watch et du Minority Rights Group, ainsi que la création d'un bureau de l'O.N.U. au Tibet.»

▲ *Enfants de réfugiés tibétains en Inde manifestant contre l'occupation de leur pays par les Chinois*

◀ Le dalaï-lama montre le prix Nobel de la paix qu'il a reçu le 5 octobre 1989 pour son combat pacifique. Depuis que cette haute récompense a été remise au dalaï-lama, celui-ci s'est vu ouvrir les portes des dirigeants des grands pays, à qui il a pu raconter les souffrances du peuple tibétain. Il espère persuader les autres nations d'aider les Tibétains dans leur lutte pour l'indépendance.

À l'extérieur du Tibet

Celui qui a le plus aidé le Tibet est le dalaï-lama lui-même. Bien qu'il ne vive plus dans son pays, il est toujours vénéré par beaucoup de Tibétains et, dans le monde entier, ceux-ci le respectent en tant que chef politique.

Après avoir fui le Tibet en 1959, le dalaï-lama obtint du gouvernement indien la permission de s'établir à Dharamsala pour y créer un gouvernement en exil. Il vit toujours dans ce petit groupe de villages situés à 2 000 m d'altitude dans les collines du nord de l'Inde. Les Tibétains savent qu'ils peuvent venir s'y

Le panchen-lama

Le panchen-lama est la seconde autorité du Tibet. Après la fuite du dalaï-lama, le panchem-lama accepta de collaborer avec la Chine comme Président en exercice du Comité. En 1965, il fut emprisonné pendant dix ans. En 1982, il rentra à Lhasa et, en avril 1988, l'Assemblée populaire chinoise décida de le réélire. Il mourut en 1989. La tradition imposait son retour dans le monastère de Chigatse, la seconde ville du Tibet. Là, son corps fut embaumé et, durant une année entière, il fut placé dans un cercueil en verre, dans la salle centrale du monastère de Tashilhunpo.

réfugier. Certains y demeurent pour vivre.

Chaque jour, environ quatre personnes fuient le Tibet. Au début, les réfugiés étaient bien reçus au Népal et dans le nord de l'Inde. Par la suite, ils durent toutefois s'installer dans des zones de peuplement tibétaines créées dans le sud de l'Inde. Certains partent s'installer dans d'autres parties du monde.

Une grande partie de la culture, de la religion bouddhiste et des pratiques médicales du Tibet a été détruite. Les réfugiés tibétains font tout ce qu'ils peuvent pour ressusciter leur culture à l'étranger. À Dharamsala, ils ont bâti une énorme bibliothèque, plusieurs monastères, un centre de médecine tibétaine et un atelier de fabrication de produits artisa-

◀ *Danseurs tibétains à Dharamsala, en Inde, où les membres de l'Institut tibétain des arts font tout pour préserver et soutenir leur culture*

naux. Il existe aussi un institut où sont enseignés l'opéra, les chants traditionnels, la poésie et autres arts ancestraux.

De grands efforts sont réalisés pour garder en vie les traditions et les enseignements du bouddhisme tibétain. Cela n'est pas facile, une grande partie de la littérature religieuse ayant été détruite et bon nombre des grands professeurs du Tibet tués. Néanmoins, dans bien des régions du monde, le bouddhisme tibétain devient un sujet populaire. De plus en plus de personnes pratiquent aujourd'hui cette religion, et certains, pas seulement des Tibétains, sont formés pour devenir moines. De nos jours, il existe des centres bouddhistes tibétains dans la plupart des pays occidentaux.

Tous ceux qui ne sont pas Tibétains, mais qui se sentent concernés par la situation dans le pays, utilisent les médias et la publicité pour veiller à ce que le Tibet ne tombe pas dans l'oubli. Des groupes de soutien se sont formés dans bon nombre de pays pour vérifier que des informations correctes soient toujours à la disposition des journalistes et de tous ceux qui en ont besoin pour faire des déclarations précises concernant la présence chinoise au Tibet.

Ces dernières années, un petit nombre d'écrivains et de réalisateurs de documentai-

▲ *Architecture tibétaine. Des boiseries sculptées élaborées et des couleurs lumineuses caractérisent l'architecture tibétaine traditionnelle, de moins en moins répandue au Tibet.*

▲ *Le dalaï-lama accueille des visiteurs indiens à Dharamsala. Le dirigeant tibétain estime qu'il est important de faire connaître au monde entier les privations et les souffrances endurées par son peuple.*

res sont entrés secrètement au Tibet pour découvrir ce qui s'y passe réellement et publier ensuite leurs investigations. Ainsi, en 1988, une journaliste se déguisa en paysanne tibétaine et traversa le pays, réalisant en secret un film pour la télévision britannique, le premier réalisé au Tibet depuis plus de quarante ans. À l'insu de tous, elle réussit à filmer des soldats chinois en marche pour stopper une manifestation à Lhasa, des camions transportant des troncs vers la Chine et plusieurs Tibétains racontant les tortures pratiquées dans les prisons. Après son retour en Grande-Bretagne, elle écrivit un livre sur

la situation au Tibet et le voyage extraordinaire qu'elle avait réalisé pour rassembler ses informations.

Les négociations avec les Chinois

Le dalaï-lama et ses conseillers ont tenté à plusieurs reprises de négocier avec les autorités chinoises pour obtenir la paix, mais en vain. Ainsi, en 1988, le dalaï-lama proposa à Strasbourg un plan de semi-indépendance du Tibet, qui laissait aux Chinois le contrôle des affaires internationales et la défense du pays s'ils accordaient aux Tibétains le droit de diriger les autres domaines. Il demanda aussi le

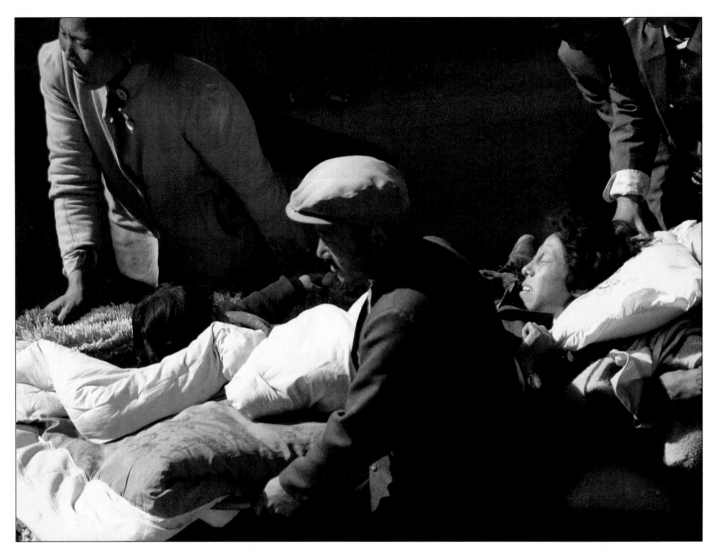

▲ *Tibétain abattu lors de la manifestation de mars 1989 à Lhasa. Ces dernières années, de telles scènes sont devenues de plus en plus courantes au Tibet.*

retrait des installations nucléaires du Tibet. Le gouvernement chinois rejeta la proposition.

Le dalaï-lama a toujours été convaincu que la résistance envers les Chinois devait être pacifique et que cette approche finirait par porter ses fruits. En octobre 1989, il reçut le prix Nobel de la paix, la communauté internationale prouvant ainsi qu'elle n'était pas insensible au problème tibétain. Ce prix lui permit d'être reçu par les plus grands dirigeants internationaux qui, jusque-là, avaient refusé de le rencontrer, de peur d'offenser la Chine.

Aujourd'hui, après quarante ans d'occupation du Tibet par les Chinois, quelques jeunes Tibétains remettent en question l'approche non violente du dalaï-lama. En mars 1992, il était attendu que des membres de la Commission des droits de l'homme de l'O.N.U. votent et condamnent le comportement de la Chine au Tibet. Finalement, le vote n'eut pas le résultat escompté, les nations occidentales ne voulant pas ternir leurs relations commerciales avec la Chine et les pays pauvres craignant que la Chine arrête de leur envoyer de l'aide.

Il n'est pas surprenant que les Tibétains aient été très déçus par le résultat du vote. Au Tibet, une association envoya en secret une lettre destinée au Secrétaire général des Nations unies et au président américain

George Bush. Cette lettre disait: «Les Chinois tentent de détruire notre identité. Le monde ne semble pas s'en soucier... Les organes internationaux se préoccupent du sort de la Yougoslavie, de la Birmanie, de la Palestine et de l'Afrique. Dans ces pays, les luttes, sous la forme d'actes de sabotage ou de violence, ont coûté la vie à des milliers de personnes. Si de tels actes d'agression donnent des résultats, pourquoi n'en ferions-nous pas autant? Apparemment, l'opinion publique a de l'estime pour de tels actes.»

Néanmoins, en général, la plupart des Tibétains espèrent et croient de toutes leurs forces que la stratégie de résistance pacifique du dalaï-lama est la meilleure méthode.

▲ *Manifestants à Lhasa, le 10 décembre 1988, lors du quarantième anniversaire de la Déclaration des droits de l'homme. Depuis fin 1987, des milliers de Tibétains sont détenus par les autorités chinoises: des centaines n'ont pas eu de procès. Certaines associations mettent l'accent sur l'échec des manifestations non violentes. Pour elles, l'indépendance ne pourra être acquise que par la violence.*

8 L'avenir

Comme nous l'avons vu, des enfants tels que Pema Norbu, dans le Changthang, et Paljor Sonam, à Lhasa, grandissent dans un Tibet très différent du pays dans lequel vivaient leurs grands-parents quand ils étaient jeunes. Lorsque ces enfants sont nés, les Chinois dirigeaient déjà le pays depuis plusieurs décennies et avaient provoqué d'immenses changements au niveau du peuple et de sa culture.

Le coût terrible en termes de vies humaines et de liberté n'est qu'un aspect de l'occupation chinoise : des Tibétains sont encore emprisonnés et torturés pour avoir manifesté contre les autorités chinoises. D'autres aspects sont la destruction du mode de vie monastique, le taux de sans-emploi parmi les Tibé-

◀ *Scène de rue à Lhasa. Le Tibet dans lequel grandissent les enfants d'aujourd'hui est très différent de celui dont se rappelle cette Tibétaine. Et le Tibet actuel risque de ne plus exister très longtemps. Au début des années 90, le dalaï-lama a déclaré: «D'ici dix à quinze ans, les Tibétains seront une minorité dans leur propre pays, et une des plus riches cultures de la planète disparaîtra ainsi.»*

▲ *Moines discutant au monastère de Tashilhunpo, un des rares monastères du Tibet qui fonctionne toujours. À moins que des actions ne soient entreprises par l'administration chinoise pour mettre fin à la destruction de la culture tibétaine, les monastères reconstruits par les Chinois pour attirer les touristes seront bientôt les seuls vestiges d'une des plus vieilles civilisations de la planète.*

tains et la destruction de l'environnement.

Que serait notre vie si les soldats et policiers d'un autre pays patrouillaient dans nos rues et nous surveillaient? Que dirions-nous si le seul fait de placer une affiche invitant les soldats étrangers à partir, d'agiter le drapeau national ou de participer à une manifestation suffisait à justifier l'arrestation des membres de notre famille, sans que nous puissions faire quoi que ce soit? Comment réagirions-nous si les arbres de nos forêts étaient abattus et emmenés à l'étranger, si nous devions apprendre nos leçons dans la langue de l'envahisseur et oublier la nôtre, sans avoir un mot à dire?

La situation au Tibet n'a rien d'optimiste, mais le dalaï-lama croit que les choses peuvent évoluer de bien des manières. Ainsi, certains gouvernements font, de nos jours, davantage attention à la défense des droits de

l'homme et de l'environnement. Peut-être se consacreront-ils plus à aider les Tibétains dans leur lutte. Néanmoins, si les grands dirigeants mondiaux n'obligent pas le gouvernement chinois à modifier sa politique, il est peu probable que la vie des Tibétains s'améliore dans un avenir proche. Les tueries, les tortures et la destruction du mode de vie tibétain doivent être rapidement stoppées car, comme le déclarait le dalaï-lama: «La période que nous vivons est la plus noire de notre histoire longue de 2 000 ans. Nous risquons de voir disparaître complètement la nation tibétaine et son héritage culturel unique... À une époque où la flamme de la liberté et de la démocratie brûle de manière plus vive dans de nombreuses régions, les Tibétains ont besoin de la protection et du soutien de tous les pays du monde.»

Glossaire

Activiste Personne dont l'attitude politique préconise l'action directe, la propagande active

Barkhor Nom de la route entourant le Jokhang et servant de circuit de pèlerinage. Les pèlerins se prosternent tout le long du circuit en signe de dévotion.

Bouddhisme tibétain Au 7e siècle, le Tibet se convertit au bouddhisme, et un grand courant d'échanges religieux s'établit avec l'Inde. Le premier ordre monastique, les Bonnets rouges, bientôt gagné par des pratiques magiques, est réformé au 11e siècle. Puis, au 14e siècle, l'ordre des Bonnets jaunes est fondé : la véritable théocracie tibétaine prend alors son essor moral et intellectuel. Les moines, ou lamas, font du Tibet le «Pays des dieux», bâtissant des milliers de monastères.

Dalaï-lama ou «Océan de sagesse». Le dalaï-lama est le chef spirituel et temporel du Tibet. Lorsqu'un dalaï-lama quitte la terre, on cherche sa réincarnation. Le quatorzième dalaï-lama, Tenzin Gyatso, a dû abandonner sa résidence traditionnelle de Lhasa en 1959. Il vit actuellement en exil à Dharamsala, dans le nord de l'Inde.

Génocide Extermination systématique d'un groupe humain, national, ethnique ou religieux

Himalaya La plus haute chaîne de montagnes du monde (8 848 m à l'Everest), s'étendant sur 2 800 km, de l'Indus au Brahmapoutre, large en moyenne de 300 km entre le Tibet et la plaine gangétique

Lhasa Ancienne capitale de l'État du Tibet, devenu officiellement région autonome du Tibet en 1965. Célèbre pour son Potala (voir plus bas), Lhasa est située à 3 600 m d'altitude sur un plateau traversé par un affluent du Tsang-po (nom tibétain du Brahmapoutre).

Linkhor Route de pèlerinage qui encercle Lhasa. Elle a été détruite lors de la construction de routes et de bâtiments par les autorités chinoises.

Loi martiale Loi d'exception confiant le maintien de l'ordre aux autorités militaires

Monastère Endroit où les membres d'un groupe religieux se rassemblent pour méditer et prier. Traditionnellement, les monastères sont des lieux de haute instruction. Au Tibet, du moins jusqu'à l'invasion chinoise, les monastères étaient au centre de la vie de presque tous les habitants. Durant la Révolution culturelle chinoise (voir page 19), la plupart furent rasés. En 1978, seuls treize monastères au Tibet sur six mille restaient intacts.

Panchen-lama Seconde autorité du Tibet après le dalaï-lama. Le panchen-lama, qui mourut en 1989, fut accusé de trahison envers son peuple. Selon la tradition, son héritier ne peut être qu'un enfant né au même moment, dans le corps duquel l'âme du défunt aura transmigré.

Potala Énorme monastère capable de vivre en autarcie, telle une ville forte. L'édifice actuel du Potala (dont le nom désigne un royaume céleste tibétain) fut construit par le cinquième dalaï-lama, en 1653, pour être sa résidence et celle de ses successeurs. Temple, forteresse et palais, le Potala est ouvert en partie et maintenant transformé en musée.

Prix Nobel de la paix Récompense attribuée à une personne pour sa contribution importante à la paix dans le monde. Le dalaï-lama reçut ce prix en 1989 en reconnaissance de sa campagne pour une résistance pacifique contre l'invasion chinoise.

Prosternation Attitude d'une personne qui se courbe jusqu'à terre afin de montrer son admiration et son respect

Région autonome du Tibet Le 23 mai 1951, un accord fut conclu à Pékin selon lequel le Tibet était intégré dans la République populaire de Chine. La région autonome du Tibet fut inaugurée officiellement le 9 septembre 1965 sous la présidence du panchem-lama. Elle ne comprend que le Tibet central et occidental, le Tibet oriental et non oriental faisant partie des provinces chinoises (voir cartes page 18).

Lectures complémentaires

Il ne manque pas d'ouvrages sur le Tibet, mais ils sont en général destinés à des lecteurs avertis. Voici quelques titres que l'enfant peut consulter avec l'aide d'un adulte et qui lui permettront d'approfondir ses connaissances sur le sujet.

J. BACOT : *Introduction à l'histoire du Tibet*, Geuthner, Paris, 1962.

R. BARRAUX : *Histoire des dalaï-lamas : quatorze reflets sur le lac des visions*, Albin Michel, Paris, 1993.

S. BATCHELOR : *Tibet : à la découverte du toit du monde*, Olizane, 1988.

Tsamba Nourriture de base de la plupart des Tibétains. Elle se compose d'orge consommée sous forme de farine grillée.

Yack Ruminant à long pelage vivant au Tibet, à 5 000 m d'altitude, et utilisé comme animal de bât

P. BLANC : *Tibet d'hier et d'aujourd'hui*, G. Le Pret, Paris, 1985.

A. DAVID-NEEL : *Magie d'amour et magie noire ou le Tibet inconnu*, Presses-Pocket, Paris, 1990.

E. GANDIA, M. MONIEZ, C. DEWEIRDT et al. : *Le Tibet : guide*, Peuples du monde, 1991.

HERGÉ : *Tintin au Tibet*, Éditions Casterman, Paris-Tournai.

M. TAYLOR : *Le Tibet : de Marco Polo à Alexandra David-Neel*, Payot, Paris, 1985.

Pour de plus amples informations

Amnesty International
Branche belge
9, rue Berckmans
1060 Bruxelles
Tél. 32 2 538 81 77

Branche française
4, rue de la Pierre Levée
75011 Paris
Tél. 33 1 49 23 11 11

Branche suisse
P.O. Box
CH-3001 Berne
Tél. 41 31 381 79 66

Branche canadienne
6250, boulevard Monk
Montréal (Québec) H4E 3H7
Tél. 1 514 766 97 66

Bureau des Nations unies
40, avenue de Broqueville
B-1200 Bruxelles
Tél. 32 2 770 50 47

Haut-Commissariat des Nations unies pour les réfugiés
154, route de Lausanne
CH-1202 Genève
Tél. 41 22 739 81 11

Index

48